La vida en números

La administración del tiempo

Lisa Perlman Greathouse

Créditos de publicación

Rachelle Cracchiolo, M.S.Ed., *Editora comercial*
Conni Medina, M.A.Ed., *Gerente editorial*
Nika Fabienke, Ed.D., *Realizadora de la serie*
June Kikuchi, *Directora de contenido*
Caroline Gasca, M.S.Ed., *Editora*
John Leach, *Editor asistente*
Sam Morales, M.A., *Editor asistente*
Lee Aucoin, *Diseñadora gráfica superior*
Sandy Qadamani, *Diseñadora gráfica*

TIME For Kids y el logo TIME For Kids son marcas registradas de TIME Inc. y se usan bajo licencia.

Créditos de imágenes: Portada y pág.1 RubberBall/Alamy Stock Photo; pág.8 Macduff Everton/Getty Images; pág.15 (recuadro) Bill Ray/Life Magazine/The LIFE Premium Collection/Getty Images, (página entera) Nickolas Muray/George Eastman House/Getty Images; todas las demás imágenes de iStock y/o Shutterstock

Teacher Created Materials

5301 Oceanus Drive
Huntington Beach, CA 92649-1030
http://www.tcmpub.com
ISBN 978-1-4258-2706-9
© 2018 Teacher Created Materials, Inc.
Made in China
Nordica.102017.CA21701217

Contenido

¿Qué hiciste hoy?

¿Lo estás pasando bien hoy? (¡Espero que sí!). Piensa en todo lo que hiciste desde que te despertaste. ¿Desayunaste y te lavaste los dientes? ¿Cómo llegaste a la escuela? ¿Caminaste o tomaste el autobús? ¿O alguien te llevó en automóvil?

Profundicemos

Pensemos ahora en otras cosas que tal vez hiciste hoy. ¿Usaste una computadora, un teléfono celular o un televisor? ¿Leíste un libro? (¡Al menos ya empezaste a leer uno!). Hay personas que estudian cómo pasamos el tiempo. Usan esa información para aprender sobre las personas y la **sociedad**.

¿La hora antes de los relojes?

Antes de que existieran los relojes, las personas miraban el sol y la luna para saber la hora. En el siglo XIV se inventó el reloj **mecánico**. Mide el tiempo con pesas y engranajes.

¡Espera un minuto!

¿Sabes cuántos minutos tiene un día? Sabemos que un día tiene 24 horas y que una hora tiene 60 minutos.

24 horas por día

×

60 minutos por hora

= **1440** minutos por día

Tu horario diario

Es probable que pases más tiempo durmiendo que haciendo cualquier otra actividad. Las personas duermen mucho. En realidad, ¡pasan la tercera parte de su vida durmiendo!

Dormir como un bebé

Cuando eras un bebé, dormías casi el doble de lo que duermes ahora. ¡Los recién nacidos duermen unas 16 horas por día! Pero aún así se despiertan cada 2 ó 4 horas, incluso durante la noche. ¡Por eso quienes han sido padres recientemente están cansados todo el tiempo! Debes intentar dormir entre 9 y 11 horas. Cuando descansas bien, ¡tu cuerpo está preparado para enfrentar el día!

Por qué al abuelo le gusta dormir la siesta

¿Parece que tus abuelos duermen mucho? Al envejecer no dormimos tan **profundamente** como cuando éramos jóvenes. Por eso, muchas personas mayores duermen siestas durante el día.

¿Los bostezos son contagiosos?

¿Te dan ganas de bostezar al mirar a este gato? Todos bostezamos, incluso los animales. ¡Pero los expertos no han descubierto por qué al ver un bostezo nos dan ganas de bostezar también!

Si duermes 10 horas por noche, te quedan 14 horas del día. ¡A lo mejor pases casi la mitad de ese tiempo aprendiendo!

¡Hora de ir a la escuela!

La mayoría de los niños de Estados Unidos pasan entre 6 y 7 horas por día en la escuela. Gran parte de ese tiempo se pasa en clases. Pero algo de tiempo se dedica al almuerzo (y tal vez al desayuno también) y al recreo. Quizá pases parte de la jornada escolar conversando con tus amigos. ¡Ojalá solo sea durante el almuerzo y el recreo!

Horario escolar

La cantidad de tiempo que pasas en la escuela depende del lugar donde vives. En Chile, los niños pasan 1,007 horas por año en la escuela. En Rusia, los estudiantes solo pasan 470 horas.

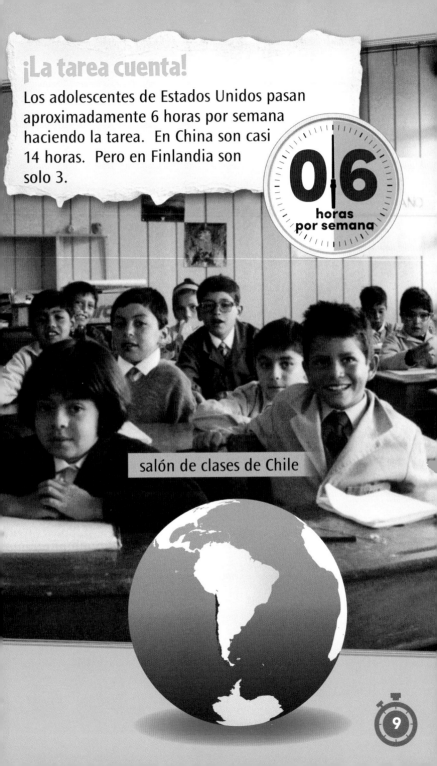

¡La tarea cuenta!

Los adolescentes de Estados Unidos pasan aproximadamente 6 horas por semana haciendo la tarea. En China son casi 14 horas. Pero en Finlandia son solo 3.

0|6
horas
por semana

salón de clases de Chile

¡A trabajar!

¿Qué hacen los adultos que conoces mientras estás en la escuela?

Muchos adultos trabajan unas 8 horas. ¡Es la tercera parte del día! Algunas personas trabajan de día. Otras, como los enfermeros y los policías, pueden trabajar durante la noche o los fines de semana. Algunas personas recorren grandes distancias para ir al trabajo. Otras pueden usar una computadora y trabajar en la casa.

Triunfadores

Muchos estudiantes de bachillerato y de universidad trabajan además de ir a la escuela. Eso no deja mucho tiempo para la diversión. ¡Pero saben que todo su esfuerzo los ayudará a lograr sus objetivos!

Trabajo, trabajo y más trabajo

Las personas que viven en Estados Unidos trabajan mucho. Trabajan aproximadamente 71 horas más por año que quienes viven en Japón. Trabajan 308 horas más por año que las personas en Francia. ¡Es mucho trabajo!

El viaje es parte de la diversión

En las grandes ciudades, las personas pasan mucho tiempo viajando para llegar al trabajo o a la escuela. Pueden tomar trenes o autobuses en lugar de conducir. ¡Incluso comparten autos para ir a la escuela!

Juguemos

Acá es donde empieza la diversión. ¡Después de la escuela, te dedicas a hacer lo que te gusta!

¿Qué es lo que más te gusta hacer? ¿Te gusta jugar al fútbol? ¿Te gusta hornear galletas? ¿Juegas a los videojuegos con tus amigos? ¿Dibujas o lees? Tal vez te guste andar en bicicleta con tus amigos. Todos disfrutamos hacer distintas actividades. El tiempo que pasas haciendo lo que te gusta se llama "tiempo libre". Casi el 96 por ciento de las personas tienen 5 horas diarias de tiempo libre. Es casi la quinta parte del día, ¡aunque quizá parezca que el tiempo libre se va volando!

El tiempo frente a la pantalla

04 horas por día

Los niños de 9 a 11 años pasan más de 4 horas diarias frente a una pantalla. Esto incluye la televisión, los videojuegos y las redes sociales. ¿Cuánto tiempo por día pasas frente a una pantalla?

¡Ja, ja!

Muchas personas pasan parte del día riendo; cuanto más joven eres, más ríes. Los niños pequeños suelen reír 10 veces más que los adultos.

La diversión de los abuelos

¿Alguna vez te has preguntado cómo se divertían tus abuelos cuando tenían tu edad? No tenían teléfonos celulares ni computadoras portátiles. Solo había algunos canales de televisión para elegir. No existía internet. ¡Y nadie había inventado los videojuegos!

Los **rompecabezas** y los juegos como las **matatenas** y las canicas eran muy populares. También el patinaje sobre ruedas y los juegos de mesa. Pregunta a tus abuelos cuáles eran sus juegos preferidos durante la niñez. ¡Si los jugaras ahora, quizá también te resultarían entretenidos!

niños armando
un rompecabezas

No solo un simple aro

En 1958, la empresa de
juguetes Wham-O® vendió aros
fabricados con un tubo plástico.
Lo llamaron Hula Hoop®.
¡Pronto más de 25 millones de
aros giraban en las cinturas de
las personas!

Hora de los quehaceres domésticos

¡Ahora que ya nos divertimos, es hora de los quehaceres! Cuando somos parte de una familia, todos debemos echar una mano para asegurarnos de que se hagan las cosas.

¿Tiendes tu cama por la mañana y colocas tu ropa sucia en el cesto? ¿Le das de comer al perro? ¿Sacas la basura? No siempre es divertido, pero ayudar en casa es una buena manera de aprender a ser responsable. Si ayudas sin que se te pida, aún mejor. ¡Los demás miembros de tu familia te lo agradecerán!

Más quehaceres domésticos

Los quehaceres de los adultos son cocinar y limpiar. Las mujeres dedican casi $2\frac{1}{2}$ horas por día a los quehaceres domésticos. Los hombres destinan unas 2 horas a los quehaceres del hogar.

¡Hora de echar una mano!

Los niños de Estados Unidos dedican un **promedio** de 3 horas por semana a los quehaceres domésticos. ¡Compáralo con las casi 28 horas semanales que pasan viendo televisión! La próxima vez que estés por ver un programa de televisión, ¡piensa si hay algún quehacer que puedas hacer antes!

03
horas por semana

Hora de lo más importante

¿Alguna vez has pensado qué puedes hacer para ayudar a los demás? ¿Has recogido basura en un parque? Tal vez llevaste las bolsas de las compras de un vecino mayor. Son cosas que hacemos como buenos ciudadanos. Podemos hacer que el mundo sea un lugar mejor. Puedes hacer eso mediante el **trabajo voluntario**. Aproximadamente el 25 por ciento de las personas de Estados Unidos hacen trabajo voluntario.

Hay muchas maneras de ser voluntario. Algunas personas donan alimentos y trabajan en comedores populares. Otros limpian vecindarios y plantan árboles. ¡Ayudar a los demás hace que nos sintamos mejor!

Solo un día

Marca en tu almanaque el Día para Marcar la Diferencia (Make a Difference Day®). Es una vez al año. Las personas hacen trabajo voluntario el cuarto sábado de octubre. ¿Se te ocurre una manera de ayudar a los demás durante ese día?

mejor regalo

e gustan los animales? Ayuda en el fugio para animales de tu ciudad. Para tu mpleaños, pide a tus amigos que te traigan oductos para mascotas en lugar de regalos. onar puede ser el mejor regalo!

19

¿Tienes hambre?

Todos disfrutamos de una buena comida. ¿Cuánto tiempo por día pasan las personas comiendo?

Pasamos unos 67 minutos por día comiendo. Es casi el doble del tiempo que dedicamos por día a cocinar. Las comidas rápidas y los alimentos congelados nos ayudan a preparar nuestras comidas mucho más rápido que antes. Los expertos dicen que debemos comer más frutas y verduras. ¡No lleva mucho tiempo prepararlas!

El horario de las comidas

En algunas partes del mundo, las personas comen solo dos o tres veces por día. Casi nunca meriendan. En Francia, el almuerzo es la comida más importante del día y puede constar de varios platos, ¡incluso en los comedores escolares!

Brownies de alta montaña

¿Sabías que el horneado lleva menos tiempo en los lugares de mayor altura? Imagina que comienzas a hornear *brownies* en tu casa cerca de la playa. En el mismo momento, un amigo comienza a hornear en su casa en la montaña. Hornear tus *brownies* llevará aproximadamente 30 minutos. A tu amigo solo le llevará 20 minutos.

¡Prepárate!

"¿Cuándo sales del baño?" Si compartes el baño de tu casa, es probable que hagas esta pregunta varias veces al día. Puede resultar frustrante. A veces las personas tardan mucho en prepararse.

Piensa en todo lo que haces en el baño a diario. Te lavas los dientes. Te duchas o te bañas. Te secas y cepillas el cabello. Usas el inodoro. Todas estas acciones forman parte del "cuidado personal". Los adultos pasan más tiempo preparándose que los niños. Esto se debe a que se necesita más cuidado personal a medida que se crece, como afeitarse o maquillarse.

Canta mientras te lavas

Sabes que debes lavarte las manos con frecuencia. ¿Pero sabías que debes enjabonarte durante 20 segundos antes de enjuagarte? ¡Canta el "Feliz cumpleaños" dos veces para saber cuándo se cumple el tiempo!

Tiempo de preparación

¿Cuánto tiempo tardas en prepararte todas las mañanas? ¿30 minutos por día? Piensa cuánto tiempo total será en un año. ¡Son 7 días!

30
minutos por día

¡Presta atención!

¿Te distraes por momentos durante el día? Esto se llama "soñar despierto". Y resulta que pasamos bastante tiempo haciéndolo.

Quizá miras por la ventana mientras alguien te está hablando. De repente, no estás escuchando. Tu mente se pierde. Tal vez estés pensando qué vas a cenar. Las personas pasan casi la mitad del tiempo pensando en otra cosa y no en lo que están haciendo. En pequeñas cantidades, soñar despierto nos ayuda a ser más creativos. Pero puede convertirse en un problema si lo haces con demasiada frecuencia; ¡como por ejemplo, en la escuela!

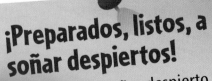

¡Preparados, listos, a soñar despiertos!

En promedio, soñar despierto no dura mucho. ¡Tan solo 14 segundos!

¿Sueño o realidad?

¿Alguna vez has tenido sueños que parecen tan reales que al despertarte crees que son de verdad? Pasamos más de 2 horas por noche soñando. Pero no siempre recordamos nuestros sueños al día siguiente.

02 horas por noche

Cada minuto cuenta

Ahora sabes cómo pasan el tiempo las personas. ¿Se te ocurre alguna manera de sacarle más provecho a tu día?

Todas las mañanas dedica unos segundos a pensar por qué estás agradecido. ¿Es por tu familia? ¿Un amigo? ¿Tu mascota? Es una buena manera de comenzar el día con una actitud positiva. Piensa en otras formas de aprovechar al máximo tu día. Prepárate el almuerzo para colaborar en casa. Ofrécete a ayudar con la tarea a un compañero que se le dificulte. Levanta la basura en lugar de pasar de largo. ¡Todos los días tienes una nueva oportunidad para hacer del mundo un lugar mejor!

Nuestro tiempo de vida

Cuánto tiempo vives depende de dónde vives. Las personas en Japón viven aproximadamente 83.7 años. Es la cifra más alta de todos los países. ¡En Japón viven más de 65,000 personas mayores de 100 años!

Glosario

matatenas: juego en el que se recogen objetos metálicos pequeños de seis puntas mientras se hace rebotar y se atrapa una bola

mecánico: relacionado con maquinaria

profundamente: intenso y sin interrupción

promedio: el número que obtienes cuando sumas cantidades y luego divides el total por la cantidad de cosas

rompecabezas: imágenes formadas por pequeñas piezas que se encajan entre sí

sociedad: las personas que viven en una zona particular en un momento particular

trabajo voluntario: acciones para ayudar a otros sin que nos lo soliciten

Índice

¡Échale un vistazo!

Libros

Danziger, Paula. 2007. *Justo a tiempo, Ámbar Dorado*. Alfaguara Infantil.

Herweck, Diana. 2012. *Un día en la vida de un vaquero*. Teacher Created Materials.

Páginas web

Mujeractiva. *Juegos tradicionales: lo que jugaban los niños de antes*. www.espacioninos.com/juegos-para-ninos/juegos-tradicionales-lo-que-jugaban-los-ninos-de-antes.html.

Make a Difference Day. www.makeadifferenceday.com.

¡Inténtalo!

Crea un almanaque para mostrar cómo pasas el tiempo todos los días durante una semana. Elige 5 actividades que desees observar. Puede ser dormir, ir a la escuela, ver televisión, usar la computadora y comer. Realiza un seguimiento de la cantidad de horas que pasas haciendo cada actividad.

¿Te sorprende alguno de los números? ¿Cómo podrías cambiar tus hábitos para lograr un mejor equilibrio durante el día?

	L	M	M	J	V	S	D
dormir	9	$8\frac{1}{2}$					
escuela	6	6					
televisión	$2\frac{1}{2}$	$2\frac{1}{2}$					
computadora	1	1					
comer	$2\frac{1}{2}$	2					

Acerca de la autora

Lisa Perlman Greathouse creció en Brooklyn, Nueva York. Le gusta escribir desde que estaba en la escuela primaria. Escribía para los periódicos de su bachillerato y de su universidad. Al terminar de estudiar, se volvió periodista. Actualmente trabaja en Disney. Tiene dos hijos adultos con su marido y vive en el sur de California.